olivia wartha

blautöne

gedichte

Bibliografische Informationen der Deutschen Natio-
nalbibliothek: Die Deutsche Nationalbibliothek ver-
zeichnet diese Publikation in der Deutschen National-
bibliografie; detaillierte bibliografische Daten sind im
Internet unter http://dnb.dnb.de abrufbar.

Titelabbildung: Waldemar Strempler
Umschlaggestaltung: Der Atomat

Herstellung und Verlag:
BoD – Books on Demand, Norderstedt

ISBN: 978-3-7448-2019-6

teil 1

zwischen mir

zwischen mir
und allem was ich sein könnte
liege ich schlafend

hier ist
der himmel nur der raum
zwischen den sternen

und meine
träume kräuseln sich
im blau

und wieder

und wieder einmal
ist es die hoffnung
die den wind
am abend beruhigt

und wieder einmal
ist es die stille
die mir von dir erzählt
und alles zum stürmen

bringt

der tag

der tag hat noch keinen namen
und ich noch keine form

noch bin ich nicht nur mensch
sondern noch etwas traum

noch etwas wolke, etwas himmel
etwas meer und etwas stern

ich bin ich, mit noch etwas farbe
etwas blau und auch etwas golden

mein herz

mein herz
ein sextant

zeigt
den winkel
zwischen mir und dir

misst
all die sehnsucht
dazwischen

sich

sich in der nacht ein loch zusammen-
denken
in das man sich hinein legen kann

sich dabei genug platz für dich dazu
denken

und zu wenig platz
für alles andere

wenn

wenn
ich nicht die bin
für die ich mich halte

dann

kann ich auch
das meer sein
frei, ungestüm & blau

ich erinnere mich

ich erinnere mich nicht mehr an dich
und auch sonst ist hier alles ganz anders

hoffnung erscheint als vorbedingung
ebenso das vergessen

in mitten von wildblumen
weinreben und zwei alten trauerweiden

hinter den wilden vergissmeinnicht
wartet mein haus

versprich mir

versprich mir
nichts.
nicht
mit worten.

erst wenn dir
die worte ausgehen
und ich dich
trotzdem hören kann
dann werde ich dir
alles glauben.

du sagst etwas

du sagst etwas
und ich kann es nicht glauben
der vorhang weht ins zimmer
als würde er mitreden wollen
als würde er mir sagen wollen
dass du recht hast

ich beobachte
den weißen stoff
das späte sonnenlicht

bemerke
den geruch des warmen sommerabends
mit etwas lavendel
ein fernes lachen
grillengesang und vogelgezwitscher

all das strömt
in dieses zimmer
nur um ebenfalls hier
bei dir zu sein

eis knirscht

eis knirscht leise
jeder hat einen
anderen grund
sich zu bewegen
manchmal fühlen wir
wir werden wir sein
uns zurecht finden
im sinken
oder im schweben

was

was soll ich tun
wenn du nicht da bist

stille ist unsichtbar
und das licht so schweigsam

feststellungen

die erste feststellung:

man ist noch da
am morgen

man ist nicht verschwunden

die zweite:

ein traum hat sein
echo hinterlassen

immer und immer wieder
ertönt mir dein name

wenn

wenn ich vor dir stehe
werde ich da sein.

sollte ich nicht da sein
bin ich woanders.

vielleicht wird da dann
ein loch in der luft sein.

vielleicht wirst du
hineinrufen.

vielleicht wirst du
hineinsteigen.

vielleicht wirst du aber auch
ganz woanders hinsehen.

oder
einfach weitergehen

in mir

in mir öffnete sich ein fenster
und vor mir lag das meer

in

in meinen gedanken ist mittag
du liebst mich und
wir treffen uns in der frage
wie weit die vorstellung reicht
wir finden beide keine antwort

nur diese:

mindestens bis zu dir
und weiter als jedes zögern

ich bin

ich bin.
dir unsichtbar.

du bist.
mir unsichtbar.

aber manchmal
streift uns
eine ahnung.
von einem uns.

bis sie wieder verschwindet.

bis sie wieder kommt.

zwischen mir

zwischen mir
und allem was ich sein könnte
liege ich schlafend

hier ist
der himmel nur der raum
zwischen den sternen

und meine
träume kräuseln sich
im blau

soll ich

soll ich dir ein geheimnis verraten?
wir beide brauchen
einen andere sprache als die sprache.

ich kann dir so nichts beschreiben, kann
dir so nichts erklären.

nicht meine gefühle oder gedanken,
nicht mein wesen.

nichts von all dem, von dem ich glaube,
dass es wirklich wichtig wäre.

kannst du

kannst du
nur da sein

nur da sein
und nichts sagen?

ich stelle
mir selbst

schon
zu viele fragen.

ich flüsterte

ich flüsterte
dir worte
in die nacht

sag

klang etwas
heraus zu dir
aus dem dunkel?

du sagst

du sagst
du liebst den wald
und ich lächle über deine einfache art zu
lieben.

ich antwortete
ich habe es da etwas schwerer
ich liebe jedes blatt, jeden zweig,
jeden stamm, jedes insekt und immer so
weiter.

kannst du mir

kannst du mir
das blaue vom himmel
erzählen?

ich werde es
mit all den wolken
in mir tragen

und versuchen
zu schweben
.

meine

meine arme
reichen nicht bis nach gestern

aber meine gedanken
streichen vorsichtig über dein gesicht

weil

weil man eine lawine lostreten könnte
in seinem eigenen inneren

und wer könnte dort schon
hinein gelangen
um einen zu retten

ich lausche

ich lausche der stille
und höre nur dich
treibe im nirgendwo
kreisend
verschlucke raum und zeit
sehnsucht lässt sich nicht
durch null teilen.
sie hängt überall in der luft
mindestens einer
muss sie behalten
sie bleibt

meine gedanken

meine gedanken
werden zu schwalben

sie folgen dir
immer weiter nach oben

es regnet nie mehr

entwicklungsschritte

begeisterung endet
in zeitfreien zuständen

hinterher ist etwas da
das es vorher nicht gab

woher es kommt bleibt
weiterhin unklar

neugierde hat flügel
oder ist etwas mit federn

das oben bleibt
wenn man es hoch wirft

realität hingegen
wie will man die fassen?

alles bewegt sich
in uns

und
um uns herum

und du willst alles verstehen
ich kann nur lachen

in deine augen hinein
die blauer sind

als der mittagshimmel
im vergangenen sommer

eine kleine wolke taucht auf
überhalb deiner rechten pupille

ich schaue ihr zu
wie sie vorbeizieht

wie sie niedergeht
wie blumen wachsen

und zu blühen beginnen
ich zähle all die farben

all meine entscheidungen
und all die möglichkeiten

de(ine)r gegenwart

zu oft

zu oft verschwinden wir.
ins zögerliche.

veränderungen kommen.
trotzdem. meist leise.

so wie es ist.
bleibt es ja nicht.

bleibt es.
nicht.

wir suchen

wir suchen
nach worten
die gerade nicht da sind

ich entwirre einen traum
aus deinen haaren
zeit tropft wie honig

wir geben das suchen auf
und lassen uns finden
hier wo wir sind

mit unseren träumen
in den händen
kleben wir schwebend

etwas über dem boden

ein

ein windhauch
franst die stille aus

einer muss etwas sagen
wir schauen uns an

schauen den moment an
und lassen ihn ziehen

steuer

steuer dein boot an mein ufer
dort unten wo der wind
mit dem schilf spielt
liegt meine seele
wartend
im sand

du könntest

du könntest gerade
als ich an dich gedacht habe
auch an mich gedacht haben

allein diese möglichkeit
macht mich gerade
sehr froh

manchmal

manchmal
denke ich, dass der mond
uns vermisst
deinen und meinen blick
gleichzeitig
von fremden orten
sich dort treffend

(gem)einsame segler
auf seinem honigmeer

schreibe mich

schreibe mich zu dir
neige mich, ein
paar jahre
und meter

lass uns nicht
verspätet sein
lass alles kreis sein
lass alles vor uns liegen

die vögel

die vögel singen mir
eine sehnsucht ins herz
doch deinen namen
habe ich vergessen
und einen eigenen hatte ich nie

aber ich vermute es gibt mich und dich
denn etwas lauscht
dem vogelsang
und will nun ganz dringend
endlich nach haus

den langen weg

den langen weg nachhause
gehen wir unter freiem himmel
es gibt keinen entwurf
für das leben
man ist immer genau dort
wo man gerade ist
du machst einen schritt
und jetzt? fragst du mich
jetzt sind wir nicht mehr dort
sondern hier, sage ich
das jetzt ändert sich stetig
wir gehen weiter
hier wird dort
hier wird dort
hier wird dort

jetzt nimmst du meine hand.

zu

zu lange nichts sagen
und dann, in gedanken,
deine sätze wiederholen
.

hast du wirklich mich gemeint,
damals
als wir fast zu dem wurden,
was wir auch heute
noch nicht sind
?

wir suchen

wir suchen antworten
und treffen uns in der frage

wieso uns immer wieder sehnsucht
in die seele dringt

zwei lose enden
werden damit verbunden

wir werden zum knoten

hörtest du

hörtest du gerade
ein klingen in der stille?

das war ich
als ich an dich dachte

nun tue ich nichts anderes
bis es ein lied wird

teil 2

alle

alle wasser fließen
irgendwann ins meer
und wir
stehen am ufer
und fragen uns
warum es uns hier her zieht
den blick auf die wellen
und den himmel
auf alles
was blau ist

gelassen

gelassen
den moment einatmen
ihn in der brust spüren
sich weit machen
das herz nach vorne drücken
in die welt
die immer noch da ist
und auf einen wartet

man muss nicht alles verstehen
man muss es nur manchmal versuchen

das eine wort

das eine wort
das nicht gesagt wird
das immer weiter
heimatlos durch die nacht schwebt

obwohl einer darauf wartet
und ein anderer

so viel daran denkt

da sind

da sind feine fäden
die aus meinem herzen hängen

manchen muss ich noch nachlaufen
bei manchen weiß ich noch nicht
wo sie enden

nur

nur dieses haus und die möwen
mehr gibt es hier nicht
das meer spült zukünftiges
an den strand
und nimmt vergangenes mit

es flüstert und raunt:

beeile dich mit der liebe
menschen und momente
verschwinden so schnell

heute nacht

heute nacht bin ich das meer
das meer ist der himmel
der himmel ein fisch

der wind riecht nach vollmond
und stille knistert in deinem haar
die nacht wird schwer und legt sich zu
uns

müde angelst du
mit deinen träumen
und der himmel beißt an

niemand

niemand sagt etwas
nur man selbst
spricht vom frühling
man beendet seinen satz
und die stille schlendert heran

mit ihr im gras liegen
ohne darauf zu warten
die welt zu verstehen
einfach im gras liegen
und sich mit ihr gemeinsam

den himmel ansehen

du redest

du redest von der rückkehr der vögel

doch meine gedanken sind gerade lärm-
empfindlich.
der versuch einer stille im hinterkopf.
um ehrlicher zu sein. bis in alle einzel-
heiten hinein.
ich sammle von dir ein paar blicke.
erinnerungen grenzen ein früheres ich
ein.
es gibt immer einen der mehr liebt.
alles schreiben ist fehlerbehaftet.
ebenso alles denken und leben.

eine amsel landet einen meter vor dir.

wie weit muss man weggewesen sein.
um zurückkehren zu können.

ich finde mich

ich finde mich selbst
nur ganz selten
und immer aus zufall
manchmal höre
ich mich kommen
aber dann bin ich
schon wieder woanders
ich bin nicht gemacht
für die realität
ich spaziere durch die erinnerung
und lebe im traum

liebe

liebe schwebt in der luft
aber lässt sich nicht greifen

der wind bläst auch mich fort
das blaue nennt man meer
oder himmel

ich weiß gerade nicht
wo mir der kopf steht

etwas stille

etwas stille
das reicht mir als antwort
frühmorgens
schweigt die welt kurz mit mir
und mit allem
was ich dir nicht sagen konnte

bis sich der tag
am horizont sammelt
und vogelgesang
alles unterbricht

man könnte

man könnte
bleiben
und üben
ganz im besonderen
das sein
man könnte
aber auch rausgehen
und leben

das leben

das leben und die zeit
entfaltet uns
aber wir schauen nur
auf die knicke
und bemerken dabei nicht
unsere größe

manchmal

manchmal
muss man sich trauen
zufrieden zu sein

auch wenn es nur kurz ist
irgendwer muss irgendwann
mal mutig sein

irgendwann
kann jetzt sein
und irgendwer du

haiku

hisse dein segel
denn all die schönen orte
kennt doch nur der wind

ich sammle stille(n)

die stille mit dir
ist wärmer
als die stille
am frühen morgen

die stille ohne dich
ist dunkler
als die stille
am späten abend

jede stille ist anders
da keine stille
nur still
ist

wir taumeln

wir taumeln in die behutsamkeit
einige sonnenstrahlen liegen noch in der
luft
am wegrand patrouilliert wilde minze

zu vorsichtig trittst du in meinen schat-
ten
gedanken fangen eine berührung ab

das schwierigste war schon immer der
abend

es ist mai

es ist mai
aber

mir liegt immer noch schnee
auf der seele

kannst du es wärmer machen
in mir

kannst du mir mein innerstes
frei schmelzen?

um

um dort zu bleiben
wo wir nie waren
um die zu werden
die wir sind

möchte ich mit dir
zum fluss werden

was fortströmt
kehrt heim

es ist frühling

es ist frühling
es wird wieder warm genug
um sich niederzulegen

unter einen baum
ins gras
auf den boden

in einen blick
in einen gedanken
in ein bisher fremdes herz

einzuziehen

vernünftig

vernünftig zu werden
in nur einem leben
halte ich für unmöglich
und definitiv nicht
erstrebsam

nachdenklichkeit dagegen
schon

aber auch
leichtigkeit

vor allem leichtigkeit

ein blätterrauschen

ein blätterrauschen
träumt von der zukunft
ich hänge mich daran
und schaukle im wind

haiku

frühlingsspaziergang
drei krokusse beenden
einen gedanken

halte

halte meine gedichte
in die höhe

gegen das licht
wenn die sonne
hindurchfällt

zeigen sie mir
dein gesicht

ich liege

ich liege im bett und
ein lichtstrahl spaltet den raum

auf der anderen seite
des vorhangs ist es
morgen geworden

die welt hat sich gedreht
und wir werden
auch heute wieder
von blau umgeben
umher schweben

wir

wir vergessen uns nicht
wir verwandeln uns nur

aus dem vernünftigen ausbrechen
um frei leben zu können
das schweigen wählen
um nicht lügen zu müssen

sich an das glück erinnern
und dort bleiben zu können

dein blick

dein blick erzählt

von der schwierigkeit
sich zu trauen
zufrieden zu sein

mein blick stimmt dir zu

unsere münder
erzählen währenddessen
irgendwas

doch
wir hören beide
nicht zu

manchmal hilft

manchmal hilft ein gedanke
manchmal müssen es aber auch zwei
oder drei oder viel mehr sein

manchmal müssen sie von jemand ande-
rem kommen
und uns vorsichtig ins ohr oder
aufs papier geflüstert werden

denken kann wie spazierengehen sein
schritt für schritt auf das unbekannte zu
auf die allerzärtlichste weise

alle wasser

alle wasser fließen
irgendwann ins meer

und wir
stehen am ufer

und fragen uns
warum es uns hier her zieht

den blick auf die wellen
und den himmel

auf alles
was blau ist

vergesslich

vergesslich sein
und sich doch wiederfinden

an das gefühlte
nicht an das gehörte glauben

in der eigenen mitte
die ganze weite spüren

immer weiter gehen
bis man wieder im juni steht

ich finde

ich finde keinen anfang

aber es ist ja auch ein glück
empfindungen nicht erklären zu müssen

so schweige ich weiter im kreis

in deinem lächeln hole ich schwung

auf dem see

auf dem see spiegelt sich der himmel

du lachst
springst
gehst unter
tauchst auf

wirst zum wolkenschwimmer

jahre später

jahre später noch
an einem lächeln hängen
weil es so ehrlich war
und damit so unendlich schön

jegliche

jegliche kontur
wird vermieden

vorbei an
wolken und mond

verallgemeinern
wir uns

ich bin hier
bin ich nicht

man weiß es
nicht mehr

aus

aus meinen gefühlen
wächst dir eine blume

aus deiner antwort heraus
wachse ich

ich wurzle zu dir hin
ich wurzle ins licht

die zeit

die zeit wartet
und in meinen gedanken
ist deine stimme

als abendwind

streift sie meinen arm
und berührt dann meine mitte
dann die mitte der mitte

und immer so weiter

leicht

leicht wie ein gedanke
treibst du über den wellen
leise wie der wind
streifst du über mein land
sag mir, wie ist das
im traum eines anderen
zu leben?

haiku

die blumen und ich
tief unten in der erde
auf frühling wartend

es könnte

es könnte doch sein
dass es ausreicht
zu schweigen
gemeinsam zu schweigen
wieder und wieder
bis man dadurch
alles über einander
erfährt

dass
man die stille nicht stört
und doch gemeinsam etwas fühlt
etwas
wie die abendsonne auf der haut
im september
die mit den vögeln
auf den bäumen spielt
und die bunten blätter über einem
zum leuchten bringt

und vielleicht
etwas zuversicht
die einem als leichter wind
um die arme
und durch die haare streift

deine umarmung

deine umarmung
war zu lang
ich weiß nichts mehr
wo endest du?
wo beginne ich?
wir sind auf einmal
so groß und
verwoben
reichen hoch
und noch weiter
bis ins blaue
hinein

allein

alleine
in der nacht liegen

wo sterne beobachtet werden
lässt sich wahrheit sprechen

sie klingt hinauf
in die unendlichkeit
wo sie hingehört

kein echo
sie kommt nicht wieder

"ich liebe dich"
höre ich
mich

sonst
hört das
niemand

ich trete

ich trete gerne vor das haus
über meinem kopf ist dann
sehr lange nichts
bis irgendwann eine wolke kommt
oder an klaren tagen
ein stern

ich suche

ich suche
ein wort mit wurzeln
eins das nicht umfällt
nicht wegweht
das bleibt
aber frei ist

ein wort
wie ein baum
und ein haus
und ein vogel
zugleich

sag, weißt *du* eins?

die helligkeit

die helligkeit trägt die nacht fort
veränderungen kommen meist leise
der wandel ist schweigsam

momenteweise und träumerisch
ist so vieles möglich
vielleicht ist das gar nicht so wenig

zaghaft
blinzelt man ins licht

neugierig

neugierig lauscht man
dem vogel im herzen des anderen
der klopft und zwitschert
um einlass bittend
ins eigene leben

haiku

ich bin nur der wald
du jeder baum, jedes blatt
und jede lichtung

dass

dass es geradezu
zwingend notwendig erscheint
immer um möglichst viele
ecken zu denken
bis man entweder
wieder bei sich
oder ganz woanders
wo man niemals zuvor gewesen ist
ankommt
das schoss mir gerade
auf einem geraden langen
flachen feldweg in den kopf
und erheiterte mich
den gesamten
kurvenfreien heimweg

ich bin auch

ich bin auch
was ich nicht bin
was ich noch nicht bin
was ich niemals sein werde

auch

was ich erträume und
was ich erinnere
was aus dem jetzt betrachtet
eigentlich genau dasselbe ist

was würden wir tun

was würden wir tun
wenn das gedachte
das so sehr gehoffte
wahr werden würde
so wahr
dass es immer da wäre
dass wir es spüren könnten
blind, taub und ohne hände?

würden wir uns dann wünschen
dass es wieder vorbei wäre
weil es die gedanken
und die hoffnung
selbst sind
nach denen
wir uns sehnen?

alles

alles was in meine hand passt
schenke ich dir
etwas sonnenlicht
etwas luft
ein hineingeflüstertes gedicht
gefolgt von etwas stille:

einen augenblick, etwas wirklichkeit
und ein stück himmel

endloses

endloses
schweigen

um den richtigen ton
zu treffen

um dann
irgendwann

mit den vögeln
einen neuen tag

herbeizusingen

der heutige wunsch

der heutige wunsch:

fortfliegen
um dann
mit etwas nichts
und etwas himmelblau

zurückzukommen

die kunst

die kunst des vergessens
des werdens, des seins
betreiben

stehen bleiben
und zugleich
weitergehen

über dem wegrand
in den himmel
blicken

rauchfäden und
einem jahr
beim verfliegen zusehen

nistend

nistend in den seelen einzelner
war das gefühl schon immer da

und manchmal taucht auch eine person
auf
zu der das gefühl passt

was bleibt, ist liebe

ich bin

ich bin mir sicher
dass man weiß, wer man ist
aber:

ich bin noch nicht ganz da
etwas von mir liegt noch verborgen
und nur du kannst es
finden

trotz allem

trotz allem
zart bleiben und leicht

sich aber nicht hinfortwehen lassen
und wenn doch, dann nur kurz
und nur zum vergnügen

und hier

und hier
noch ein gedicht, das ich
nicht aufschreibe
es muss doch ausreichen
dass ich es dir denke
du sollst es ja
auch nicht lesen
sondern spüren

was man wohl tun sollte

was man wohl tun sollte

ein leben leben
rebellisch bleiben
und sich selbst
nicht alles glauben

seinen gedanken die welt zeigen
- nicht anders herum

stehen bleiben
und zusehen
wie die wolken vorbeiziehen

dem leben fragen stellen

geduldig sein

und es antworten lassen

weitere gedichte und texte sind unter
freitag-ist-rosa.tumblr.com
zu finden.

bereits erschiene bücher
von olivia wartha:

hundertneunzehn

wellengang

die wirklichkeit ist anderswo